LA POLITIQUE

D'AVANT-GARDE

PARIS. — IMP. SIMON RAÇON ET COMP., RUE D'ERFURTH, 1.

LA POLITIQUE

D'AVANT-GARDE

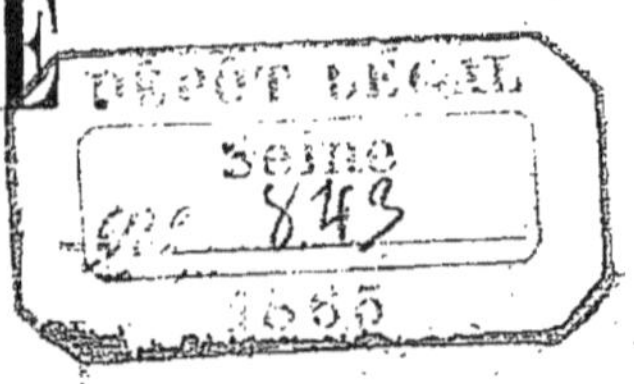

PARIS

E. DENTU, ÉDITEUR
LIBRAIRE DE LA SOCIÉTÉ DES GENS DE LETTRES
PALAIS-ROYAL, 17-19, GALERIE D'ORLÉANS

1865

A PROPOS DU TITRE

Actuellement, quatre écoles politiques, ou plutôt quatre groupes distincts se trouvent en présence.

Le premier, malgré ses graves allures, paraît avoir approfondi dans ses nombreux loisirs la chanson de Nadaud, et a pris pour devise le refrain du gendarme, qu'il répète à tout propos au gouvernement Impérial en lui disant d'un ton profond et convaincu : « Brigadier, vous avez raison. »

Le deuxième a ajouté à cette devise une négation qui en change totalement le sens, et ne cesse de crier au Pouvoir, sans se préoccuper plus que le précédent des questions qui s'agitent : « Brigadier, vous n'avez pas raison. »

Le troisième, assez porté vers la métaphore, compare volontiers l'opinion à un coursier fougueux et, pour le diriger, il pense que le meilleur moyen est de s'accrocher à la queue de la bête, au risque de recevoir quelques ruades qui lui cassent les reins.

Le quatrième, qui n'a pas de malice, accepte la comparaison de l'opinion et du coursier ; seulement il pense que si les choses sont ainsi, il vaut mieux se mettre à la tête de cet animal fougueux, afin de le diriger d'une façon plus sûre.

Le 1er groupe représente l'approbation systématique.

Le 2e groupe représente l'opposition systématique.

Le 3e groupe représente la réaction sincère.

Le 4e groupe représente la révolution de bonne foi.

Le premier groupe a pour chefs des hommes très-satisfaits de la situation qui leur est faite, et qui recrutent autour d'eux des petits jeunes gens bien aimables, auxquels ils donnent l'assurance de devenir sous peu de temps très-satisfaits à leur tour, sans qu'ils aient pour cela aucune peine à se donner.

Le second est conduit par des hommes qui ont jadis été très-satisfaits, et qui voudraient bien l'être de nouveau ; ceux-là s'entourent d'une foule de jeunes ambitieux auxquels ils promettent la satisfaction complète de leur intérêt privé, au moyen d'une petite révolution que ce bon peuple fera tout exprès pour leur mettre le pouvoir dans les mains.

Ces deux groupes, qui sont les deux extrêmes, se touchent de tous points : ils vivent l'un par l'autre. Seul, le favoritisme soutient le premier, et seul, le manque de liberté permet au second d'exister. La liberté apprendra au premier, que, si les fortunes sont héréditaires, les situations politiques ne le sont pas, et débarrassera l'État des hommes incapables et des parasites ; elle apprendra au second, que nul ne doit s'ériger exclusivement en champion de ses droits, et qu'à l'ombre de son drapeau toutes les opinions peuvent se produire d'une façon complète.

Un gouvernement intelligent ne saurait se préoccuper de ces deux groupes, composés d'appétits satisfaits et d'appétits à satisfaire. L'amitié du premier ne vaut pas mieux que l'inimitié du second ; l'inimitié du second n'est pas plus dangereuse que l'amitié du premier ; la France est lasse de ces claqueurs et de ces siffleurs systématiques ; c'est un régime funeste qui nous a donné trois ou quatre révolutions stériles, et qui ne peut pas produire autre chose. C'est par l'indifférence, c'est par la sage et sévère observation du bon sens et des lois, qu'on dissipera ces deux fantômes et qu'on dissoudra ces deux partis, dont la seule puissance réside dans la fausse idée que les gouvernements s'en font depuis plus de cinquante ans.

Restent donc en réalité deux groupes, auxquels les autres se verront bien contraints de se mêler :

Les réactionnaires de bonne foi.

Les révolutionnaires de bonne foi.

Les premiers parlent de pondérer les anciens principes avec les nouveaux ; ils se creusent la tête et se livrent aux combinaisons les plus complexes pour fondre le système Féodal et la Démocratie, les Priviléges et l'Égalité, la Bastille et la Liberté ; et avec ce nouveau thé de madame Gibou, ils espèrent composer un excellent réconfortant pour l'Empire. Ils font, du reste, leur cuisine avec un air sérieux et une gravité dignes qui ne manquent pas d'imposer à un grand nombre.

Les seconds font dater la société moderne de 1789 ; en conséquence, ils s'occupent de faire disparaître toutes les ruines qui encombrent inutilement le nouveau plan social, et, une fois le terrain déblayé, de construire un solide édifice qui soit en rapport avec ses bases, de consolider tout ce qui s'accorde avec ses principes, et ne s'inquiètent nullement des imbéciles qui les appellent démolisseurs, lorsqu'ils font un acte de prudence et de netteté.

Les premiers s'occupent beaucoup du passé, un peu du présent : nullement de l'avenir.

Les seconds ne s'inquiètent pas du tout du passé : mais ils se préoccupent beaucoup du présent et plus encore de l'avenir.

Voilà les deux écoles entre lesquelles il faut enfin que le gouvernement se décide à choisir. Nous nous faisons honneur d'appartenir à la dernière : et c'est la politique de cette école que nous avons voulu esquisser sous ce titre :

LA POLITIQUE D'AVANT-GARDE.

LA POLITIQUE D'AVANT-GARDE

1

Un éminent publiciste s'efforce depuis quelque temps de convaincre le public et le gouvernement de l'impuissance de la presse, et pour arriver à ce résultat il se sert de la presse elle-même. M. de Girardin ne nous a pas encore convaincus, ce qui serait un argument en faveur de sa thèse. Mais, d'autre part, bien que n'étant pas convaincus, nous continuons à lire avec plaisir les articles qu'il écrit sur ce sujet, — argument qui détruit le premier — ce qui revient à dire que la presse, impuissante lorsqu'elle émet une idée fausse, a pourtant une puissance relative proportionnée au talent de l'écrivain. En effet, qu'un publiciste moins fort, moins spirituel, moins fécond en ressources que M. de Girardin, eût émis par la voie de la presse cette idée singulière de l'impuissance de la presse, elle n'eût même pas vécu vingt-quatre heures ; donc si on prend encore aujourd'hui la peine de la discuter sérieusement, c'est uniquement à cause du talent de celui qui l'a engendrée, un jour où par hasard il n'en avait pas d'autre à sa disposition.

La conclusion est facile : si la presse est impuissante toutes les fois qu'elle émet une idée qui n'est pas exacte, le talent des écrivains donne pourtant un très-grand poids aux opinions qu'ils mettent en avant. Or, comme en définitive, il est très-rare qu'une chose soit absolument bonne ou absolument mauvaise, absolument fausse ou absolument vraie, la puissance de la presse découle précisément de la facilité d'entraîner, dans telle voie plutôt que dans telle autre, les gens sans idées arrêtées qui forment la grande majorité des citoyens. Puissance légitime, utile, nécessaire, à moins que l'on ne nie la lumière ou que l'on ne craigne la vérité.

Mais si nous n'admettons pas l'impuissance de la presse, nous affirmons, pour l'avenir, l'impuissance de la politique. Nous n'ignorons pas que les esprits légers pourraient très-aisément retourner contre nous l'argument que nous opposions tout à l'heure à la théorie de M. de Girardin : nous nous expliquons.

La révolution de 1789 fut une révolution sociale, qui, déplaçant les assises de l'État, apporta avec elle un certain nombre de problèmes sociaux. C'est donc seulement par des réformes sociales que ces problèmes pourront être résolus ; et pour atteindre ce but, la politique est impuissante. Toutes les fois qu'on voudrait s'en servir, on obtiendrait un seul résultat, qui serait de donner naissance à des révolutions politiques. La révolution de 1789 a détruit pour longtemps cette science futile qui ne sert plus aujourd'hui qu'à masquer l'ignorance profonde de certains hommes d'État, et lui a substitué l'économie politique. A la place du mot, elle a mis le fait. Il ne faut plus divaguer : il faut penser. Il ne faut plus parler : il faut agir.

La politique ne peut plus être désormais que l'arme des partis, et tout gouvernement qui aurait la sottise de mettre l'idée politique en avant, deviendrait aussitôt un parti. S'il veut désarmer ses ennemis, il n'a qu'un moyen : ne plus même prononcer ce vain mot, et laisser les partis, nouveaux Don Quichotte, rompre leurs lances devenues inoffensives contre les moulins à vent qu'ils auront le bonheur de rencontrer, ou nouveaux pélicans, s'ouvrir eux-mêmes le flanc pour donner la pâture aux partis voisins, avec lesquels ils auront fusionné : car aujourd'hui les partis fusionnent, et c'est là un signe évident d'impuissance.

Sans doute les hommes prétendus graves qui se prennent bien au sérieux, et qui, à force de formules creuses et de phrases inutilement sonores, sont parvenus à se faire prendre au sérieux par les autres, feindront l'étonnement et la pitié en voyant nier par nous cette grande science de la politique qui abrite si bien leur nullité, et qu'ils seraient si embarrassés de définir, par cette raison que le néant ne se définit pas ; nous ne nous inquiétons pas de leurs niaises protestations. Utile dans les moments de transition ou dans un état aristocratique, la politique proprement dite n'existe pas dans une démocratie. C'est là une chose évidente qu'il faut poser comme un axiome. Les gens au courant de ces questions en déduiront facilement les motifs, et nous n'écrivons pas pour faire l'éducation de ceux qui s'obstinent à ne point comprendre.

En effet, dans une aristocratie ou dans une tyrannie, l'art de gouverner consiste à satisfaire, aux dépens des autres, certains citoyens privilégiés par la naissance ou bien par la fortune et à les intéresser ainsi d'une façon certaine à la conservation de l'État, tandis que, dans une démocratie, tous les citoyens étant égaux, l'art de gouverner consiste uniquement à accroître le bien-être général, ce qui ne peut être obtenu que par l'économie politique.

Pour les esprits réfléchis et inaccessibles aux erreurs si généralement et si pompeusement répandues, il ne saurait donc être douteux qu'aujourd'hui un gouvernement intelligent doit s'abstenir de mettre en avant la raison politique. Combattre les partis, c'est les entretenir et les faire vivre : satisfaire par la raison politique tel citoyen de préférence à tel autre, c'est créer un homme du parti de l'empire en face d'un homme d'un parti ennemi de l'empire.

Tout cela est contre le bon sens ; et si l'évidence avait besoin d'être démontrée, nous pourrions trouver des preuves frappantes de ce que nous venons d'avancer, dans l'histoire même de ces dernières années. Plus on a parlé des partis, plus on les a combattus, plus on est arrivé à les renforcer. Il est vrai d'ajouter que ces hommes, tant combattus par de vaines paroles, se faufilaient en même temps dans tous les emplois, dans toutes les fonctions publiques par la force des choses. Et c'est ainsi que l'on a accepté des serviteurs qui ont étudié l'histoire de France dans le Père Loriquet et qui, sincèrement ou même sans bien s'en rendre compte, sont convaincus que l'empire est un excellent gouvernement de transition pour nous conduire de la république au gouvernement du comte de Chambord où à celui du comte de Paris.

Les hommes si nombreux qui ne savent rien et n'ont pour avantage que le prestige d'une situation déjà acquise, ne se soutiennent que par la politique. Du jour où on leur enlèvera ce point d'appui, ils tomberont sous le poids de leur propre impuissance.

Donc la grande question des intérêts doit dominer toutes les autres ; et le gouvernement, abandonnant tous ces lieux communs politiques usés jusqu'à la corde, doit s'occuper uniquement des réformes sociales qui demandent une rapide solution, sans faire attention aux criailleries de quelques bavards et aux grands mots des impuissants.

Mais pour cela, nous l'avons dit, il faut la liberté. — Il est certaines herbes salutaires qui, lorsqu'elles fermentent à l'ombre, deviennent des poisons de la dernière violence. — Il en est ainsi des principes nouveaux. Leur soleil, c'est la liberté : sans elle ils tuent, avec elle ils sauvent.

II

S'il est exact de dire que, dans une Démocratie, la politique est inutile et dangereuse, la question est donc de savoir si l'État dans lequel nous vivons est oui ou non une Démocratie. Ici nous trouvons tout d'abord un certain nombre d'individus qui nous disent : Non, très-certainement l'empire n'est pas une Démocratie ; et quand nous leur demandons pourquoi, ils nous répondent d'une voix inspirée : Parce que l'empire n'est pas une république. — Nous avons médité longuement cette réponse péremptoire, et à chaque fois elle nous a paru plus étrange. Certes, nous comprenons fort bien que ceux qui parlent ainsi aient une vive sympathie pour la forme républicaine ; et dans une société à fonder, nous pen - cherions nous-mêmes sans aucun doute vers cette forme de gouvernement, malgré les déplorables essais qui ont été chez nous tentés jusqu'à ce jour. Mais la question qui se pose aujourd'hui est tout autre. Il ne s'agit pas d'une so- ciété à fonder : il s'agit d'un État existant qui a été et qui serait encore consacré par une formidable majorité. En pré- sence de cette situation, que reste-t-il à faire aux démocrates de bon sens ? Accepter loyalement et sincèrement l'empire, développer largement les idées démocratiques, ne plus perdre son temps à discuter sur de puériles questions de forme et ne pas dire : Je suis républicain parce que le mot république me plaît. Car c'est encore là au bout du compte l'argument le plus sérieux de ces adorateurs passionnés de la forme. Parler ainsi, c'est autoriser les légitimistes à dire : Comme tout irait bien si le comte de Chambord était sur le trône ! les orléanistes à s'écrier : Ah ! sans aucun changement tout serait parfait, si le comte de Paris régnait ! les bonapartistes partisans à psalmodier : L'Empereur est sur le trône, donc tout est très-bien.

Républicains, légitimistes, orléanistes, bonapartistes, vous êtes tous également ennemis du bon sens, de l'empire et de la démocratie : vous êtes des esprits faux ou des am- bitieux de la mauvaise espèce. Mais vous-mêmes, nous de- manderez-vous, à quel drapeau vous ralliez-vous? — A aucun. Nous sommes démocrates et nous acceptons sincèrement l'empire, parce que l'empire est issu du suffrage universel et parce que ce mélange de monarchie et de démocratie que vous ne voulez pas admettre, est encore en définitive l'ex- pression la plus exacte du sentiment public. Vous aurez beau nous faire des raisonnements plus ou moins abstraits, plus ou moins embrouillés : que prouveront-ils ?

La France est-elle démocratique? oui. Est-elle monarchique ? oui. Dès lors tous vos raisonnements ne signifient plus rien, à moins que vous n'ayez la prétention d'empêcher par vos paroles un fait d'exister.

De tout cela il résulte que l'empire se consolidera d'une façon inébranlable par l'application complète des principes démocratiques, et qu'il ne peut durer qu'en suivant cette ligne, parce qu'en dehors d'elle il n'a pas de raison d'exister. La fortune et le génie peuvent soutenir un homme comme Napoléon III : cela ne suffirait pas pour fonder une dynastie.

III

Nous ne pensons pas qu'en politique le mot de Brid'oison soit vrai et nous n'admettons pas la puissance de la forme. Peu nous importe que nous soyons en république ou bien en monarchie, dans un royaume ou bien dans un empire. Nous acceptons ce qui existe, parce que nous ne nous reconnaissons pas le droit de violer le sentiment public, et nous nous bornons à approuver ce que nous trouvons bien et à blâmer ce que nous trouvons mal, en tirant de la situation présenté le parti le meilleur pour l'intérêt général et pour notre intérêt particulier. Et si ce dernier mot que nous écrivons à dessein fait pousser des cris de paon aux tartuffes de tous les partis qui s'intitulent les purs, cela ne nous inquiète guère. Car ce que nous disons sur notre intérêt particulier, ils le pensent comme nous dans leur for intérieur, avec cette différence qu'ils ne peuvent pas l'avouer, parce que leur système politique les force à sacrifier l'intérêt général à leur intérêt privé, en voilant celui-ci sous celui-là, tandis que le nôtre consiste à les associer l'un et l'autre et à ne faire dépendre notre satisfaction personnelle que de la satisfaction même de l'intérêt public.

Il faut une fois pour toutes en finir avec ces niaises accusations d'ambition que les purs jettent à tout propos à la face de ceux qui ne veulent pas suivre leurs ornières et pratiquer leur petit culte. Il y a deux sortes d'ambitieux : les uns qui n'ont qu'un but : arriver à une haute situation politique ; qui sont capables pour gravir un échelon ou avoir quelques appointements de plus, de mentir à leurs serments, à leur conscience, de sacrifier leurs sentiments les plus intimes : ceux-là sont des misérables ; les autres, qui portent franchement un drapeau sur lequel est écrite leur règle politique. Tant que le Gouvernement ne suit pas cette ligne, ces hommes seraient fort coupables en acceptant un poste politique qui les forcerait de marcher dans le sens inverse à la voie qu'ils ont tracée : mais du jour où le Gouvernement entre dans cette voie, non seulement ils peuvent accepter le pouvoir ; mais nous disons plus, ils n'ont pas le droit de le refuser, car ce serait faire acte d'incapacité ou de mauvaise foi. Les ambitieux de cette dernière sorte ne sont que de grands citoyens.

IV

Notre système consiste, disons-nous, à accepter loyalement l'état existant, à approuver ce que nous trouvons bien et à blâmer ce que nous trouvons mal. On le voit, c'est nous prononcer énergiquement contre l'approbation systématique et contre l'opposition systématique.

En effet, approuver sans la moindre distinction tout ce que fait le Gouvernement par cette raison seule que le Gouvernement le veut, ce n'est pas seulement tenir une conduite indigne d'un citoyen : c'est encore tromper le Gouvernement lui-même qui demande à être éclairé et qui ne trouve plus que des grognements approbatifs là où un conseil sincère eût pu lui rendre un grand service.

Que dirai-je de l'opposition systématique? Désapprouver sans distinction tout ce que le Gouvernement propose, c'est prouver que l'on est un mauvais citoyen, que l'on a l'esprit faux ou que l'on manque de bonne foi.

Faut-il fournir un exemple récent de ce que produit ce déplorable système? Faut-il rappeler les injures dont a été poursuivi M. Émile Ollivier, parce qu'une fois par hasard il n'a pas été de l'avis de ses amis politiques? Nous sommes d'autant plus à notre aise pour parler de cet incident que, dans la loi des coalitions, nous ne partagions pas l'avis de M. Ollivier, et que, député, nous n'eussions pas voté comme lui. Mais qu'importe cela?

De quel droit les amis de M. Ollivier prétendaient-ils l'empêcher de suivre l'inspiration de sa conscience? De quel droit prétendaient-ils le forcer à dire oui, lorsqu'il pensait non? C'était sans doute au nom de la liberté!

Et lorsqu'on voit un homme d'un caractère aussi élevé, d'un talent aussi grand, poursuivi par les injures de l'opposition systématique, parce qu'une fois par hasard son opinion se trouvait contraire à celle de ses amis, n'a-t-on pas le droit de dédaigner un pareil système, qui ne fait que donner de la force à l'approbation systématique, et qui n'est comme elle, sous une forme différente, que la politique de l'impuissance?

Et plus le talent des hommes qui s'accrochent à cette vieillerie est considérable, plus nous devons nous élever contre les tristes effets produits par ce système. Nous ne voulons pas nous appesantir sur cet incident : mais nous le considérons comme une preuve éclatante de ce que nous avons dit plus haut; et nous estimons qu'en cette circonstance le courage de M. Émile Ollivier a été à la hauteur de son bon sens et de son mérite. En affirmant ainsi hautement l'opinion que lui inspirait sa conscience, il a rendu pour l'avenir un immense service. Il a bravement inauguré la politique qui seule effacera nos discordes civiles et établira la démocratie sans aucune secousse.

A cette politique se rallie chaque jour toute la jeunesse intelligente qui s'est instruite aux fautes de ceux qui nous ont précédés, et qui ne veut plus s'enfermer dans le cercle restreint de toutes ces écoles mesquines discutant sur les mots comme faisaient les sophistes grecs au temps de la décadence. Cette politique portera ses fruits; et c'est cette nouvelle génération qui est destinée à rétablir la concorde dans notre beau pays si longtemps divisé. Nous ne prétendons pas dire que dans trente ans tout le monde en France sera du même avis ; mais nous affirmons qu'il n'y aura plus entre les citoyens que des différences de nuance, et que tout le monde sera d'accord sur les principes, parce que la question de forme n'existera pas, et parce que plus que tout le reste, la question de forme soutient les prétendants et fait vivre les partis.

Nous comprenons fort bien que M. Berryer, formé à une école politique à laquelle il a consacré tout son cœur et sa puissante intelligence, en dehors d'elle ne veuille et ne puisse rien admettre : nous en disons autant, pour prendre des exemples, de M. Guizot et de M. Jules Favre. — Ils sont de bonne foi. — Mais, malheureusement pour l'éloquence française et pour le pays tout entier sur lequel leur grand talent projette une partie de son éclat, ces hommes disparaîtront, et leurs fils, leur élèves, ceux qu'ils croient avoir le plus pénétrés de leurs principes, abandonneront la ligne de conduite de leurs pères et de leurs maîtres, parce qu'ils n'auront pas les mêmes motifs de la suivre et parce qu'ils seront, malgré eux, persuadés par la voix de leur conscience que cette politique que M. Jules Favre appelait dans un fort beau discours une politique d'expédients, est la politique de la conciliation et du bon sens, tandis que l'autre ne peut plus être désormais que la politique de l'intrigue.

V

Nous affirmons en toute occasion nos principes démocratiques ; mais nous nous disons très-rarement libéraux. En effet, nous avons l'habitude de nous servir seulement des mots que nous comprenons, et nous n'avons jamais pu définir le sens exact de ce mot : « libéral, » surtout si, pour en apprécier la portée, nous considérons les hommes qui, depuis cinquante ans, s'affublent de ce nom. Si nous vivions en 1788, nous serions probablement libéraux, et nous pensons que si le gouvernement de Louis XV et de Louis XVI eût été libéral, il aurait pu retarder ou du moins modifier à son profit la révolution de 1789. Mais, en 1865, ce mot n'a aucune signification : il ne veut rien dire. C'est un mot, et rien de plus.

Aussi cette expression a-t-elle été surtout à la mode sous le régime parlementaire, qui est par excellence le régime des mots. A cette époque tout le monde était libéral : ce n'était pas compromettant, et cela faisait très-bien dans un discours. Quant à nous, nous ne connaissons pas de mot plus vide et plus banal ; nous ne connaissons pas de gouvernement plus mauvais que le gouvernement parlementaire, gouvernement diamétralement opposé aux principes de la véritable liberté et de l'égalité, dans lequel les ambitions particulières absorbent sans cesse l'intérêt général, où le temps se passe à parler pour ne rien dire et à ne point agir.

Si l'on y réfléchit sans parti pris et avec attention, on verra qu'aujourd'hui, par rapport à l'avenir et à l'Empire lui-même, l'école libérale représente la réaction; et s'il fallait en fournir une preuve, nous dirions qu'elle patronne actuellement toutes les idées les plus arriérées. Nous citerions ce fait, que M. Guizot, sans même s'occuper à songer qu'il est protestant (ce qui lui est bien égal), soutient gravement le pouvoir temporel au nom des idées libérales. Et qu'on ne pense pas qu'en agissant ainsi, M. Guizot soit guidé volontairement ou involontairement par l'esprit de parti. Il est logique avec lui-même : l'école libérale, c'est la réaction.

VI

Nous ne prétendons point dire qu'il n'y ait pas en France de gens plus réactionnaires que les partisans de l'école libérale : sans doute il y a des réactionnaires qui ne sont pas même libéraux. Ainsi, nous connaissons un marquis de l'ancien régime qui s'est fait construire une habitation moderne dans un pays de plaine, et qui nous disait dernièrement, en nous montrant deux petits canons qu'il a

fait installer sur la plate-forme de sa maison de campagne :
« Voilà avec quoi je bombarderai ces coquins de paysans,
lorsque le bon temps reviendra. » — Cet original est à coup
sûr beaucoup plus réactionnaire que l'école libérale. Mais
n'y a-t-il pas, d'autre part, des hommes pour lesquels la révolution de 1789 est représentée par Marat? Certainement si,
et cependant nous ne nous en disons pas moins révolutionnaires. Il y a dans tous les partis un certain nombre d'individus qui, par sottise ou par exaltation, avancent des
idées que l'on n'oserait pas émettre à Charenton. — Qu'importe cela? nous ne nous occupons pas des fous. Nous parlons seulement des gens sensés, et nous n'écrivons que
pour les gens sensés. Voilà pourquoi nous avons raison d'affirmer que, par rapport à l'avenir, l'école libérale est la
réaction.

L'empire étant une démocratie, c'est donc la liberté et l'é-
galité qui doivent être ses bases : et cette grande œuvre de
restauration sociale une fois terminée, il n'y aura plus à
s'occuper de politique : c'est par l'économie politique seule
que l'on gouvernera et que l'empire sera lié au pays d'une
façon indissoluble. — Actuellement nous avons l'égalité,
mais nous n'avons que la liberté morcelée. Il faut que le
Gouvernement la donne tout entière. Pourquoi hésiterait-il?
Ne comprend-il donc pas que la liberté c'est sa force, et que
le manque de liberté c'est le triomphe de ses ennemis? Cette
idée, nous n'en pouvons douter, est celle de l'Empereur ;
toutes ses paroles, tous ses actes personnels en font foi. Le
jour est venu de nous donner l'intégralité de nos libertés.
Tout pousse à cette solution : la grandeur et la dignité na-
tionales, l'intérêt du pays et celui du souverain. Il n'est pas
possible que l'Empereur ne soit pas pénétré de cette vérité,
et nous avons la conviction qu'un certain nombre des con-

seillers qui l'entourent s'opposent seuls, sans même s'en rendre compte, au développement de la démocratie.

Nous ne prétendons pas affirmer pour cela que les conseillers dont nous parlons soient personnellement amis de la réaction : nous disons simplement que leur politique est avant tout celle du *statu quo*, et, selon nous, c'est là un déplorable système. Ainsi, depuis dix-huit mois, M. Boudet est ministre de l'intérieur et nous nous demandons ce qu'il a fait. Par quelle grande mesure a-t-il signalé son administration? quelle direction a-t-il cherché à donner à l'esprit public? L'opinion est flottante, indécise, impossible à sonder : rien n'est plus dangereux dans une démocratie. Les amis de M. Boudet croient le louer en disant qu'il ne fait point parler de lui. Rappelons-nous le mot de Rivarol : « Il est bon de se taire, mais il ne faut pas en abuser. »

On a fait beaucoup de bruit autour des idées prétendues tyranniques de M. de Persigny? Pourquoi? M. de Persigny a-t-il été plus rigoureux que ne l'est son successeur? Non très-certainement. Le motif n'est pas celui-là : et notre avis est que M. de Persigny, que son dévouement exclusif à la personne de l'Empereur entraînait parfois au delà des bornes, avait des idées infiniment plus larges, plus grandes, plus utiles. Seulement, les vieux partis poursuivaient de leurs imprécations M. de Persigny : ils se taisent avec M. Boudet, qui lui-même se tait. Nous n'avons pas l'intention de faire ici une comparaison, et nous concluons : M. de Persigny, que la crainte des partis rend parfois partisan, est un esprit prévoyant, élevé, démocratique. M. Boudet est libéral, et rien de plus.

Or, nous l'avons dit et nous le répétons : par rapport à l'avenir, l'école libérale c'est la réaction, l'école démocratique c'est le progrès.

Mais est-il étonnant que malgré cette haute intelligence, que l'histoire appellera du génie et que nous admirons profondément, l'Empereur pénètre difficilement le sentiment public, lorsqu'il est entouré d'hommes suivant les mêmes errements et lui présentant de bonne foi les choses sous un jour absolument faux. Il n'y a qu'un moyen pour lui d'être éclairé : c'est une presse libre, car ce que nous écrivons ici isolément dans une brochure, mille voix le répéteront et avertiront l'Empereur lorsqu'elles ne craindront plus d'être averties par le ministre de l'intérieur.

Nous n'approfondissons pas cette question, non pas que nous éprouvions quelque crainte ou quelque embarras à le faire ; mais ce sont là des décisions dont l'initiative appartient exclusivement au souverain, et nous avons voulu seulement démontrer une fois de plus la nécessité de la liberté de la presse. Nous parlons avec modération, mais nous parlons avec force, parce que, quelle que soit notre faiblesse personnelle, nous savons que cette politique sera nécessairement la politique de l'avenir. La politique est un mélange de la volonté humaine et des événements ; aujourd'hui, les événements nous pressent, et d'ailleurs la volonté humaine ne fera pas défaut ; nous en avons pour gage la haute raison de l'Empereur.

DE SÉPARER ET DE DÉCENTRALISER LES POUVOIRS

I

Nous aimons assez peu les idées abstraites qui peuvent donner lieu à des interprétations multiples, et lorsque nous parlons de l'intégralité de nos libertés politiques, il nous paraît utile d'indiquer quelles sont ces libertés.

La première est, sans contredit, la liberté de la presse, car elle est la garantie de toutes.

La seconde est la liberté électorale, secondée par la liberté de réunion.

C'est de ces deux libertés principales que découlent les autres ; mais pour qu'elles soient durables et sincères, il est un certain nombre de réformes indispensables que nous voulons étudier.

Pour se mouvoir d'une façon durable, toute démocratie a besoin de deux éléments : l'ordre et la liberté. Il nous paraît contre le sens commun de les mettre sans cesse en opposition l'un avec l'autre, comme tant de gens se plaisent à le faire. Quant à nous, nous ne comprenons pas qu'il puisse y avoir d'ordre sans liberté, pas plus que nous ne comprenons de liberté sans ordre. Dans le premier cas, il y a tyrannie ; dans le second, il y a anarchie ; et c'est leur réunion seule qui constitue un gouvernement raisonnable. Loin d'être opposées, ces deux idées sont entièrement concordantes, elles se développent l'une par l'autre et doivent marcher parallèlement afin de ne pas se heurter. Mais si dans la théorie ces deux idées sont intimement liées, elles ne peuvent, dans la pratique des sociétés humaines, produire des résultats favorables que si les mandataires représentant chacune d'elles sont absolument séparés les uns des autres, pour conserver tous leurs moyens d'action. Du moment où les deux mandats sont plus ou moins confondus, il y a contradiction, il y a lutte ; et dès lors, il est vrai de dire que par la force des choses l'ordre, étouffant la liberté, créera la tyrannie, jusqu'à ce que la liberté, reprenant le dessus, nous donne l'anarchie. Voilà tout le secret des réactions et des révolutions.

Or, sous l'empire des principes nouveaux, la source de tout pouvoir est la volonté populaire ; mais le pouvoir exécutif a été remis par le peuple souverain entre les mains de l'Empereur et de sa dynastie ; et c'est ce fait qui constitue la forme monarchique. De là il résulte que le pouvoir exécutif doit rester tout entier entre les mains du souverain et de ses représentants, tandis que d'autre part le pouvoir législatif doit appartenir d'une façon complète au peuple, c'est-à-dire à ses mandataires immédiats.

II

Dans un État sagement organisé, le pouvoir exécutif représente l'ordre, et le pouvoir législatif la liberté. Il s'agit donc de donner au premier les forces suffisantes pour maintenir l'ordre, et au second la puissance nécessaire pour maintenir la liberté. Par là seulement le gouvernement, à l'abri des conseils funestes et des entraînements soudains, pourra suivre avec calme et sécurité la marche progressive nécessaire à tout ce qui veut durer.

Très-peu de gens comprennent aujourd'hui cette vérité politique : que toutes les fois qu'une force en dehors du pouvoir exécutif n'est plus indispensable au souverain, elle lui devient aussitôt non-seulement inutile, mais encore nuisible. En effet, ces forces ne lui étant plus indispensables, il ne s'en sert pas, et, en les retenant contre le droit, il donne accès à toutes les fâcheuses interprétations des mécontents et de ses ennemis. Aussi restons-nous convaincus qu'à l'avenir tout gouvernement qui viendrait à tomber tomberait par sa trop grande force et jamais par sa faiblesse. Quant à nous, nous pensons qu'issu d'une dictature, l'Empereur peut et veut fonder un gouvernement libre et héréditaire dont il soit le chef ; nous disons donc que le rôle du pouvoir exécutif est de se débarrasser au plus vite de toutes les forces qui n'étant

pas de son ressort, ne font que lui créer des embarras con-
tinuels, et entraver la marche des affaires du pays.

Deux mots bien souvent employés depuis quelque temps,
ce sont les mots centralisation et décentralisation. Chacun
veut discuter là-dessus, et nous avons entendu émettre à ce
propos une foule d'idées tellement peu en rapport avec le
sujet, qu'il nous est tout à fait impossible d'y répondre. Tout
ce qui constitue vraiment la centralisation a été dicté par
cette idée, qu'une seule personne ayant à sa disposition les
pouvoirs délégués par un grand nombre, peut faire beaucoup plus pour l'intérêt de tous, que ne le ferait chacune
de ces personnes prise isolément. L'idée est juste, elle fait
concorder des forces divergentes, et, en les ramenant à l'u-
nité, elle les rend capables de produire, alors que divisées
elles seraient impuissantes; mais, comme toutes les idées
de ce genre, elle a besoin d'être contenue dans certaines
limites, car ses déductions indéfinies nous mèneraient, au
point de vue politique, vers le despotisme, tandis que, au
point de vue social, sa dernière expression serait le commu-
nisme.

La décentralisation consiste précisément à arrêter ces
excès, mais poussée à son tour dans ses applications aux
dernières règles de la logique, la décentralisation aboutirait
au point de vue politique à l'anarchie, au point de vue social
à la destruction de l'État. Aussi, nous n'aimons pas ces
deux grands mots qui nous paraissent représenter deux idées
manquant de précision, et, à côté de ce principe unique
expliqué plus haut, de la séparation absolue des pouvoirs
exécutif et législatif, nous nous contentons d'émettre cette
règle corollaire, que, chaque grand État ayant des subdivisions intérieures, les représentants du pouvoir exécutif et du
législatif près de chacune de ces subdivisions, doivent avoir

le droit de prendre des décisions souveraines en ce qui les concerne spécialement. C'est dans ces limites et sous ces conditions que nous semble devoir être effectuée la décentralisation, dont on s'occupe tant en ce moment.

III

La première institution qui lie aujourd'hui plusieurs individualités ensemble, est la commune. Mais, si nous voulons une forte constitution municipale, il faut en fournir les moyens. Or, la commune est une division trop étroite pour pouvoir s'administrer d'une façon utile au bien public et au sien propre. Ne sait-on pas qu'il y a encore aujourd'hui en France un nombre considérable de communes où l'on ne peut trouver un homme capable d'être maire, malgré le peu qu'on exige de ces fonctionnaires ? Ce serait là un obstacle insurmontable que ne manqueraient pas de mettre en avant tous ceux qui, par intérêt ou par sottise, s'obstinent à une puissante organisation municipale. Nous pensons donc que le canton doit devenir ce qu'est aujourd'hui la commune, la première institution reliant les citoyens à l'État. Dès lors, le pouvoir exécutif et le pouvoir législatif doivent y être représentés.

La source de ces deux pouvoirs, nous l'avons dit, est la volonté populaire, mais le pouvoir exécutif ayant été délé-

gué par elle au souverain, il en résulte que le peuple doit
nommer ses conseillers cantonnaux en toute liberté, et que
c'est l'Empereur, au contraire, qui doit nommer les maires.
Et, non-seulement, nous pensons que les maires peuvent
être pris en dehors du conseil municipal, mais encore nous
ajoutons qu'ils doivent l'être; et, si peu répandue que puisse
être notre opinion, surtout parmi les esprits libéraux et
démocratiques, nous ne saurions l'abandonner, car elle est
fondée sur le premier principe du droit politique, sur la séparation du pouvoir législatif et du pouvoir exécutif. D'ailleurs, nous allons plus loin, et quand nous entendons parler
de reconstituer la commune, en laissant au suffrage universel la nomination des maires; soit que les électeurs le
nomment directement; soit que, par une combinaison quelconque, il soit pris dans le sein du conseil municipal, nous
pensons que ceux qui disent ainsi font, sans y prendre
garde, la confusion la plus entière, et cherchent à appliquer
à un État démocratique une coutume utile seulement dans
un État aristocratique ou despotique.

En effet, dans ces deux gouvernements, la commune ainsi
constituée est une barrière élevée par le peuple contre
l'aristocratie ou contre la tyrannie; mais, dans une démocratie, il ne peut rien exister de pareil. Car il ne s'agit pas
pour le peuple de s'abriter contre lui-même, mais seulement de séparer le pouvoir exécutif du législatif. La confusion est là : elle nous semble évidente, et nous demandons
ce que deviendrait l'État dans d'autres conditions. La France
serait bientôt un assemblage d'un nombre infini de petites
républiques, s'administrant elles-mêmes en dehors de tout
ensemble. Il ne faut pas se laisser obscurcir le jugement
par l'étude d'anciennes institutions ou de celles existant
dans des pays régis par d'autres principes que les nôtres. Il

faut prendre la question simplement, avec le bon sens, sans s'inquiéter de ce qui a pu être utile dans une société qui n'existe plus et ne peut plus exister. On pourra nous objecter ce qui se passe en Amérique, et nous savons que des hommes de la plus grande portée, et dont nous sommes fiers de partager le plus souvent l'opinion, voudraient voir appliquer à la France la constitution municipale américaine. Nous avons étudié cette solution sous toutes ses faces et nous n'avons pu nous ranger à cet avis. Nous croyons, en effet, que c'est là une des rares institutions qui, pouvant être établies dans une république, ne peuvent s'appliquer à un État démocratique dans lequel le pouvoir exécutif est héréditaire; et nous jugeons qu'en France il est indispensable que, dans toutes les subdivisions de l'État, le pouvoir exécutif soit représenté d'une façon immédiate.

Ne croyons pas, du reste, que la solidité du pouvoir législatif consiste à accaparer certaines forces exécutives; ne croyons pas davantage que la solidité du pouvoir exécutif consiste à accaparer certaines forces législatives : c'est là une série d'erreurs que la politique et la raison condamnent. Que le pouvoir exécutif concentre les forces qui lui sont propres, que le pouvoir législatif concentre les siennes, et que chacun d'eux soit bien convaincu que toutes les forces qui ne lui appartiennent pas en propre et dont il cherche à s'emparer, se tourneront infailliblement contre lui. Ce n'est que par l'exécution de ces principes simples que nous aurons vraiment un gouvernement fort et une nation libre.

Pour résumer ce point, sur lequel nous avons appuyé à dessein, parce que nous le croyons capital, nous disons : Les maires doivent être nommés par l'Empereur, et pris en dehors du conseil municipal, parce qu'ils sont les représentants du pouvoir exécutif auprès de la commune. Ceux qui soutiennent une opinion contraire la basent sur ce fait, que le maire est en même temps le représentant de la commune auprès du souverain ; mais alors, qu'est le conseil municipal lui-même ? Le pouvoir législatif sera donc représenté doublement, et le pouvoir exécutif ne le sera plus du tout. D'ailleurs, la représentation exclusive de la commune, utile, nécessaire, dans un gouvernement aristocratique et despotique, ne peut point exister dans une démocratie, où la commune n'est pas une institution particulière élevée en face de l'État, mais seulement une subdivision de l'État lui-même.

Il est bien entendu que dans notre système, le conseil municipal ne devrait pas être présidé par le maire, et il nous est tout à fait impossible de comprendre qu'aujourd'hui les choses se passent de la sorte. C'est exactement comme si le Corps législatif était présidé par le ministre d'État, et les conseils généraux par les préfets. Il y a là une confusion absolue de pouvoirs et d'attributions qui produit des effets déplorables et qu'il faut faire au plus tôt disparaître.

Jusqu'où doit être étendue l'attribution des conseils cantonaux et des maires ? Cette limite nous est fixée par le bon sens lui-même. Toutes les affaires intéressant uniquement le canton, doivent être arrêtées et exécutées par eux seuls. Tous les éléments de décision et d'exécution ne doivent-ils pas être là, et ne sont-ils pas là en effet ? Les citoyens du canton n'ont-ils pas nommé leurs mandataires exclusivement chargés des affaires cantonnales ? Le pouvoir exécutif n'a-t-il pas de son côté nommé son représentant immédiat près de chaque canton ? Qu'est-il besoin d'autre chose ?

Perdons enfin cette habitude de traiter les communes comme on traite des enfants en tutelle, et que, pour sa part, le canton reste libre de conclure ses affaires comme il l'entendra, sous sa propre responsabilité ; au bout de très-peu de temps elles se feront bien, et dès le premier jour, elles se feront beaucoup mieux qu'aujourd'hui.

IV

Le canton étant pris par nous comme la subdivision la plus étroite de l'État, celle qui viendrait aujourd'hui immédiatement après serait l'arrondissement. Nous n'avons pas à examiner ici la question de savoir si, comme division judiciaire, l'arrondissement est utile ou même nécessaire, mais comme division administrative, nous n'hésitons pas à dire qu'il doit disparaître. Nous ne pouvons, à aucun point de vue, nous expliquer sa raison d'être. Les sous-préfets, flanqués de leurs conseils d'arrondissement, nous paraissent une superfluité qui n'a pas seulement le grand inconvénient de coûter une somme considérable au budget, mais qui a surtout celui de créer des entraves continuelles, comme font tous les rouages inutiles. Dans un gouvernement libre, les sous-préfets sont la cinquième roue du char administratif. En politique, en administration, il ne faut pas de cinquième roue, et tout ce qui n'est pas absolument indispensable, est absolument nuisible.

Après le canton, vient donc le département, et c'est au

chef-lieu que doivent se trouver les représentants des pouvoirs exécutif et législatif. Le pouvoir législatif y est représenté par les conseillers généraux, le pouvoir exécutif par le préfet, ayant sous sa direction les chefs des différentes administrations.

Les attributions des conseils généraux et des préfets doivent être étendues dans les mêmes limites que celles des conseils municipaux. Toutes les questions intéressant exclusivement le département doivent être arrêtées et exécutées par eux ; parce qu'en effet, tous les éléments de décision et d'exécution sont là, et que dès lors il est inutile d'aller les chercher ailleurs.

Mais en ce qui concerne la composition même des conseils généraux, nous sommes obligés de faire d'importantes observations. Ces conseils sont aujourd'hui tout le contraire de ce qu'ils devraient être. Chaque année arrivent dans les départements, des quatre coins de l'empire, un grand nombre de ministres, de hauts dignitaires, de généraux, de magistrats, de divers autres agents du pouvoir exécutif, venant représenter un canton que le plus souvent ils ne font que traverser pour se rendre au chef-lieu du département. Nous avons toujours été surpris de cet abus étrange, et c'est un des plus tristes exemples de ce que peut produire la confusion des pouvoirs. C'est une atteinte grave portée à ce grand principe de la séparation des pouvoirs législatif et exécutif dans les fonctions et dans les personnes : principe sans lequel un gouvernement se débat dans mille contradictions. Les conseillers généraux doivent être conseillers généraux et voilà tout.

Que les ministres restent dans leurs ministères, les généraux dans leurs commandements, les magistrats dans leurs tribunaux, et que, le plus possible, les conseillers généraux

restent dans leur canton. Et du jour où on viendra à l'exécution de ce principe, qu'à défaut de la politique le bon
sens lui seul devrait suffire à nous imposer, le pouvoir exécutif, n'étant plus tiraillé par les ambitions personnelles
d'hommes l'approchant et lui imposant leurs désirs, ne se
trouvera plus porté, pour plaire à telles ou telles amitiés, à
forcer la volonté des électeurs. Il restera dans sa sphère, di-
recteur calme et éclairé du mouvement populaire, au lieu
de risquer de devenir un agent électoral, et se trouvera su-
bitement débarrassé de cette masse d'intérêts parasites qui
lui prennent toute sa force et dont il semble si difficile de se
séparer, ainsi que nous l'apprend l'histoire.

Non-seulement nous excluons des conseils généraux tout
citoyen occupant une fonction exécutive quelconque, mais
encore nous pensons que plusieurs fonctions législatives ne
sauraient être cumulées sans des inconvénients qui, tout
en étant moins sérieux, nous semblent cependant très-réels.
Ainsi, nous pensons que les députés ne doivent pas être
membres des conseils généraux. En effet, lorsqu'un député
arrive au conseil général, sa situation même lui donne sur ses
collègues une sorte de prééminence dont il use au profit de
son canton, et par conséquent au détriment des autres et au
mépris de l'équité. Il faut le plus possible que les assemblées
soient composées de pairs, pour que la justice domine leurs
décisions; voilà pourquoi les fonctions de conseiller général
ne peuvent être cumulées avec aucune autre.

V

Le fléau du jour, on peut le dire, c'est la manie d'être fonctionnaire public ; c'est cette rage qui pousse, à Paris, tous les désirs, toutes les ambitions. D'une part, et surtout tant que le concours n'aura pas dans toutes les carrières remplacé la faveur, ces nombreux solliciteurs que l'on semble prendre plaisir à entretenir, sans pouvoir jamais arriver à les satisfaire, creuseront de profondes haines auprès du trône. D'autre part, cette excessive centralisation qui fait partir des ministères toutes les nominations aux fonctions publiques, attire sur le même terrain, et dans le même centre, une foule d'ambitions déréglées et dangereuses. Parmi toutes ces ambitions se heurtant et se contrariant, il en est un certain nombre de légitimes que la faveur sacrifie ; il en est d'autres qui s'échauffent et grandissent outre mesure à ce vaste foyer vers lequel convergent toutes les passions ; de là, un nombre infini de déclassés. Or, ce sont les déclassés qui font les révolutions ; et voilà pourquoi le rôle de la politique doit être d'en laisser subsister le moins possible, tandis que le régime employé depuis si longtemps semble faire tous ses efforts pour en créer beaucoup, et pour les concentrer sur le même point.

Aujourd'hui, celui qui veut être député ou conseiller général vient faire sa cour au ministre de l'intérieur, ou à tel autre personnage, parce que cela lui est plus utile que d'aller étudier les intérêts des électeurs en se faisant connaître d'eux. Il y a là un grand danger auquel il faut remédier au plus vite. On ne meurt pas seulement d'éthisie, on meurt aussi de pléthore : et c'est la mort que doit le plus craindre un gouvernement, parce que ne pouvant la prévoir, il n'a pas le temps d'y échapper.

En décentralisant, ainsi que nous l'avons expliqué, l'administration de l'empire, et en concentrant, dans ces diverses subdivisions, les forces exécutives et les forces législatives entre les mains des mandataires des deux pouvoirs, un pas immense sera fait dans la voie de la liberté et l'empire sera fortement consolidé.

S'il est vrai que tout le monde gagnerait à ce résultat, pourquoi donc cette résistance ? Elle tient aux idées timorées des hommes qui gouvernent, à l'amour du *statu quo*, et surtout aux intérêts parasites qu'il faudrait sacrifier. C'est cependant par ces réformes courageusement appliquées qu'il faut, croyons-nous, sortir de l'impasse où le gouvernement se trouve engagé par la diversité des intérêts.

Le moment est venu où il faut agir, l'opinion publique appelle des réformes, il ne faut pas les faire à demi. La reconstitution municipale, l'accroissement des pouvoirs cantonnaux et départementaux, dans les limites que nous avons indiquées, doivent en être le point de départ.

Par là les hommes jeunes, au lieu de solliciter des fonctions exécutives, dont beaucoup n'ont pas de raison d'être, et que l'on ne conserve que parce qu'on n'ose pas les retrancher, auront un débouché où se fera jour d'une façon utile au bien public leur intelligence comme leur activité. Au lieu de demeurer tous dans ce centre absorbant de Paris,

qui fait d'eux des intrigants ou des mécontents, ils iront
briguer les suffrages de leurs compatriotes pour des fonctions rendues aussi importantes qu'honorables, et feront
ainsi l'apprentissage de leur vie politique. Parmi eux, les
plus remarqués s'élèveront des conseils cantonaux aux
conseils généraux, et de là, un certain nombre viendront
représenter leurs concitoyens au Corps législatif. Ils arrive-
ront ainsi à manier insensiblement des intérêts plus consi-
dérables qu'ils seront à même de mieux connaître.

Par ce moyen, et par ce moyen seulement, nous ferons
l'éducation politique du peuple, et nous aurons des assemblées composées d'hommes d'État; car la science de gouverner ne s'improvise pas plus que les autres sciences. Aujourd'hui, qu'arrive-t-il? on est député du gouvernement,
ou député de l'opposition. Pour être parmi les premiers, que
faut-il? Être tout simplement, pour une raison ou pour une
autre, agréé par M. le ministre de l'intérieur. Et si, dans le
nombre, il se rencontre des hommes de talent, la faute n'en
est point au système qui dirige les élections. Pour être député
de l'opposition, il faut attirer fortement sur soi l'attention publique; et, à ce point de vue, les députés de l'opposition offrent
des garanties plus sérieuses. Mais en même temps, il faut re-
connaître que pour attirer cette attention publique, surtout
dans les grands centres, il n'y a que deux moyens : être un
avocat célèbre, ou un publiciste distingué.

De nombreux exemples nous donnent le droit d'affirmer
que cela ne suffit pas toujours pour être un homme politique.

Le système que nous avons esquissé, en débarrassant le
pouvoir exécutif d'une masse d'intrigants et de parasites,
en rendant au pays l'exercice régulier et progressif de sa
liberté, conduira au Corps législatif des hommes pratiques

et rompus aux affaires ; la politique ne sera plus ce qu'elle est depuis si longtemps, une lutte de partis se battant pour des mots et pour le plaisir de se battre ; elle tendra uniquement à l'amélioration du bien public et de l'intérêt général. On ira sans doute vers ce but par des voies différentes, celui-ci plus lentement, celui-là plus vite, mais enfin on ira, sans arrière-pensée, sans parti pris de réaction ou de révolution. Ces dénominations absurdes de député du gouvernement et de député de l'opposition, de légitimiste, d'orléaniste, de bonapartiste, de républicain, tomberont, et les départements nommeront simplement pour les représenter ceux qui défendront le mieux leurs intérêts.

LE SOUVERAIN DE ROME EN FACE DE L'EMPEREUR

LES ÉVÊQUES FRANÇAIS EN FACE DE LA LOI

Après les questions que nous venons de traiter, ce titre peut paraître anormal : notre intention n'était point d'aborder ce sujet. Mais voici qu'un événement récent vient de se produire, et on dit tout bas qu'il y a en France un certain nombre d'hommes très-bien placés qui ont juré d'exterminer la démocratie. Se préoccuper de cela peut paraître puéril ; mais puisque, par le bruit maladroitement soulevé autour de l'Encyclique du 8 décembre, l'opinion publique s'est émue, nous ne pouvons point ne pas dire quelques mots à ce sujet.

Nous ne le faisons qu'à regret, beaucoup moins à cause de la difficulté de la question qu'à cause de l'impossibilité presque absolue de traiter sérieusement ce fait politique. En effet, nous ignorons si, au point de vue religieux, l'Encyclique est vraiment digne de préoccuper les esprits, parce que, bien que nous soyons catholiques, nous sommes aussi gens de bon sens ; et notre religion est de celles qui ne sauraient être ni modifiées, ni ébranlées par de vaines paroles : mais ce que nous savons, c'est qu'au point de vue politique, il est insensé de discuter cet acte.

Nous faisons remarquer de la façon la plus précise que nous n'étudions ici l'Encyclique que comme un manifeste émané du souverain de Rome, et nous ne parlons des évêques que comme citoyens. Quant aux esprits brouillons et mal intentionnés, qui cherchent à mêler ces personnalités complexes, qu'ils défilent, s'ils veulent, leurs chapelets de sottises et d'injures. Nous ne voulons pas écouter toutes ces arlequinades qui siéraient beaucoup mieux dans une parade de la foire : sur ce terrain ils sont beaucoup trop à leur aise et beaucoup trop forts pour nous.

Qu'est-ce donc que l'Encyclique ? Pour notre part, nous trouvons très-naturel qu'un souverain dont la royauté est aux abois, use de tous les moyens qu'il croit utiles pour essayer de se raccrocher à son trône, et nous ne voyons pas de quel droit on blâmerait le souverain de Rome. Il a été mal inspiré, cela est vrai, en publiant l'Encyclique; eh bien ! il subira les conséquences de sa faute, voilà tout. Et lorsqu'il nous force ainsi de rappeler au plus vite nos troupes que, sans cela, nous nous serions peut-être crus obligés de laisser deux ans encore à la porte du Vatican, ne devrions-nous pas au contraire remercier l'homme d'État qui a inspiré cette idée à Pie IX? Nous savons bien que ceux qui veulent mêler quand même la question politique et la question religieuse, disent que cette inspiration lui vient du Saint-Esprit, mais nous, nous penchons pour M. de Mérode.

Fera-t-on à Pie IX un reproche de sa violence? Ne sait-on pas que toujours les faibles sont violents? Et pourquoi se préoccupe-t-on plus de ces menaces que des fanfaronnades du duc de Modène, annonçant fièrement à son brigadier qu'avant deux mois ils caracoleraient, son cheval, lui, et son brigadier, sur les buttes Montmartre? Il y a déjà bien long-temps de cela et le duc de Modène n'a pas caracolé du tout, et Pie IX n'ébranlera pas davantage ce géant qui se nomme la Révolution française, et ne tuera pas davantage cette grande déesse de la Liberté, qui domine tous les trônes du monde. Discuter sérieusement de telles niaiseries, c'est n'obtenir qu'un résultat, celui de fausser la situation et les esprits.

Nous pensons que le gouvernement impérial a été mal conseillé en empêchant les évêques de lire l'Encyclique à leurs brebis, et cela pour deux raisons : d'abord, parce que c'est une atteinte à la liberté des évêques, puis, parce que, comme toutes les mesures répressives, cette décision a pro-duit des effets contraires à ceux qu'on en attendait. Les brebis qui ne savent pas lire, ne reçoivent ainsi que le docu-ment tronqué, dénaturé, interprété, et elles doivent penser que ce document était bien grave, puisque le gouvernement a pris la peine d'en empêcher la communication, tandis que la simple lecture leur eût donné la valeur réelle de cet acte. La plupart ne l'auraient pas compris, et celles qui l'auraient compris, auraient été très-courroucées. Émané d'un pouvoir étranger et détesté des peuples, d'un pouvoir que soutient seule l'autorité du drapeau tricolore, ce mani-feste, au point de vue politique, ne peut être considéré que comme un aveu flagrant d'impuissance ou une inutile for-fanterie.

Mais si l'Encyclique en elle-même n'a aucune importance, nous ne saurions en dire autant du conflit qui, chaque jour, paraît s'engager plus vivement en France entre les évêques et le Pouvoir Civil. Nous regrettons qu'on ait interdit la communication de l'Encyclique : mais est-ce une raison pour dire que la loi ne doit pas être respectée? Or, l'article 204 du Code Pénal est ainsi conçu :

« Tout écrit contenant des instructions pastorales, en quelque forme que ce soit, et dans lequel un ministre du culte se sera ingéré de critiquer ou censurer soit le gouvernement, soit tout acte de l'autorité publique, emportera la peine du bannissement contre le ministre qui l'aura publié. »

Il ne faut pas, dans des questions comme celle qui nous occupe, se perdre dans les nues; il ne faut pas se laisser entraîner par de pompeuses périodes ou par des terreurs chimériques. Il faut raisonner avec le bon sens, et ne pas oublier que le plus mauvais exemple qu'un prince puisse donner au peuple est de paraître reculer devant l'application d'une loi. Et si nous pensons que généralement la politique du dédain est la meilleure de toutes, nous ne croyons pas qu'il faille l'employer entièrement à l'égard de ceux qui, parlant au nom d'intérêts religieux sur une question absolument étrangère à la religion, acquièrent ainsi une grande influence sur les fanatiques et sur les esprits faibles.

La loi met entre les mains de l'Empereur trois moyens : le premier est l'appel comme d'abus ; c'est là une punition en effigie qui ne signifie rien. Le deuxième est l'application de l'article 202; cela vaut déjà mieux : mais à quoi bon faire asseoir, par exemple, M. de Dreux-Brézé sur les bancs de la police correctionnelle? Sans doute, légalement, il y serait à juste titre; mais qui ne sait avec quelle facilité le parti clérical se fait passer pour martyr, lorsqu'il ne peut être bourreau? Pourquoi donnerait-on ainsi à certains évêques l'apparence de pauvres victimes ? C'est pour le coup qu'ils se prendraient et se feraient prendre au sérieux.

L'article 204 existe, il est positif. Que les évêques qui transgressent les lois de leur pays aillent donc grossir l'armée de M. de Mérode, et que cela se fasse sans violence, par la simple application du code. Voilà la solution exacte.

Quant à toutes ces lettres au ministre de la justice, que les journaux démocratiques ont le plus grand tort de prendre la peine de commenter, pourquoi s'en inquiéterait-on ? Rien de tout cela n'est sérieux. Les évêques auront beau multiplier leurs bulles de savon, ces bulles crèveront d'elles-mêmes. La vérité, c'est qu'ils jouent à croquemitaine. La France et la démocratie ne sont plus d'âge à s'en effrayer.

Nous avons lu avec une attention soutenue la brochure de M. Dupanloup, qui contient à coup sûr tous les arguments de ses collègues. C'est un petit écrit très-joliment tourné, et qui nous fait regretter, au point de vue littéraire, que les occupations épiscopales de M. Dupanloup ne lui permettent pas plus souvent de faire des pamphlets. Mais qu'est-ce que tout cela prouve ? Rien, absolument rien ! Que le gouvernement ne se laisse entraîner ni par les craintes des uns, ni par les violences des autres ; la violence ne convient qu'aux faibles, il faut la laisser aux évêques.

Qu'à l'avenir on applique simplement la loi, mais qu'on l'applique sans hésiter. Qu'on limite le nombre des prêtres aux besoins du culte, et qu'on supprime ainsi cette nuée de moines de toutes les couleurs, si bizarre dans notre société. Que le clergé, enfin, subisse de gré ou de force, d'une façon complète, sa révolution de 1789. Le problème sera résolu.

Le christianisme pur sortira victorieux de ces épreuves,

parce que le christianisme c'est la bonté et la justice, parce que c'est la meilleure formule religieuse qui ait encore été trouvée. Il sortira victorieux, malgré les trahisons de toutes sortes que lui tendent aujourd'hui, peut-être de bonne foi, ses ennemis acharnés se cachant sous la mitre et la tiare.

Multipliez donc les lettres, les brochures et les protestations ! Nous vous le demandons, que peuvent nous importer toutes vos psalmodies ? Certes il n'est pas un de nous qui n'ait gardé au fond de son plus doux souvenir la figure vénérable d'un vieux prêtre, l'ami et le consolateur de la famille. Il n'est pas un de nous qui ne connaisse quelque part, dans un modeste presbytère, un vrai serviteur de Dieu, qu'il respecte et qu'il aime ; mais vous, comment le peuple vous connaît-il ? Il vous voit passer de temps à autre en carrosse, et le seul rapport qu'il ait avec vous c'est le jour de la confirmation. Eh bien ! le peuple consent bien à se laisser confirmer au nom de l'Église, mais il ne veut pas laisser souffleter la société moderne au nom de vos intérêts personnels.

Donc, parlez, criez, écrivez et prêchez ; lorsque vous avancez avec pompe cette folie qu'avant d'être Français vous êtes catholiques, et que vous êtes citoyens de Rome avant d'être citoyens de votre pays, nous nous contentons de sourire et nous vous regardons sans colère comme un vestige singulier des siècles écoulés. Nous n'avons pas la prétention d'empêcher le passé d'avoir existé ; mais, nous l'espérons, vous n'avez pas celle d'empêcher l'avenir. Vous êtes le passé, nous sommes l'avenir.

Donc, parlez, criez, écrivez et prêchez, on ne veut plus écouter vos plaintes inutiles ; et si vous vouliez être sincères, vous nous répondriez : « Eh ! ma foi, vous avez bien raison. »

CONCLUSION

Les événements pressent, la France attend ; nous croyons
que l'empire entre dans sa seconde phase, nous le croyons
sincèrement, et nous l'espérons pour la dynastie. Peut-être
la conduite des évêques aura-t-elle hâté un peu la décision :
nous leur crions merci. Pour la première fois, depuis bien
longtemps, ils auront été sans conteste les instruments de
Dieu.

PARIS. — IMP. SIMON RAÇON ET COMP., RUE D'ERFURTH, 1.